おとうさんの名前

誕生日

出生地

おとうさんのおかあさんの名前

誕生日

出生地

おとうさんのおとうさんの名前

誕生日

出生地

My Dad

〜 私のおとうさんの物語

MY DAD
His Stories. His Words.

Compiled by Dan Zadra & Kristel Wills
Created by Kobi Yamada

Japanese translation rights arranged with Compendium Inc., Seattle
through Tuttle-Mori Agency, Inc., Tokyo

My Dad 私のおとうさんの物語　2017 年 2 月 13 日　初版第 1 刷発行
編者 ダン・ゼドラ&クリステル・ウィルス／訳者 住木美優／装画 庄野ナホコ／装幀 Y&y
発行 有限会社海と月社 〒180-0003 東京都武蔵野市吉祥寺南町 2-25-14-105
電話 0422-26-9031 FAX0422-26-9032　http://www.umitotsuki.co.jp
Twitter : @umitotsuki ／ Facebook : www.facebook.com/umitotsuki
定価はカバーに表示してあります。乱丁本・落丁本はお取り替えいたします。
 ISBN978-4-903212-58-6

おとうさんへ

この本は、おとうさんが家族に贈りうる、
もっとも心のこもったプレゼントになるでしょう。
ここにある質問に答えるのに、時間はかかりません。
でも、あなたの子どもや孫たちは、その答えを永遠の宝物にするはずです。
もしも、おとうさんのおじいさんが、若き日の思い出を綴っていたとしたら？
それをおとうさんが見つけたとしたら…… 楽しいでしょう？
同じように、おとうさんは今、家族の宝物を作りだそうとしているのです。
どの質問にも、楽しみながら答えてください。数行でもかまいません。
堅苦しくでも複雑でもなく、ただ心に浮かんだ答えを書いてほしいのです。
そうすれば、
あなたを愛する人にとって、素晴らしい一冊ができあがるでしょう。

(どんな家で育ってきたの？
その家はどんな町にあったの？)

What kind of house did you grow up in,
and what was the old neighbourhood like?

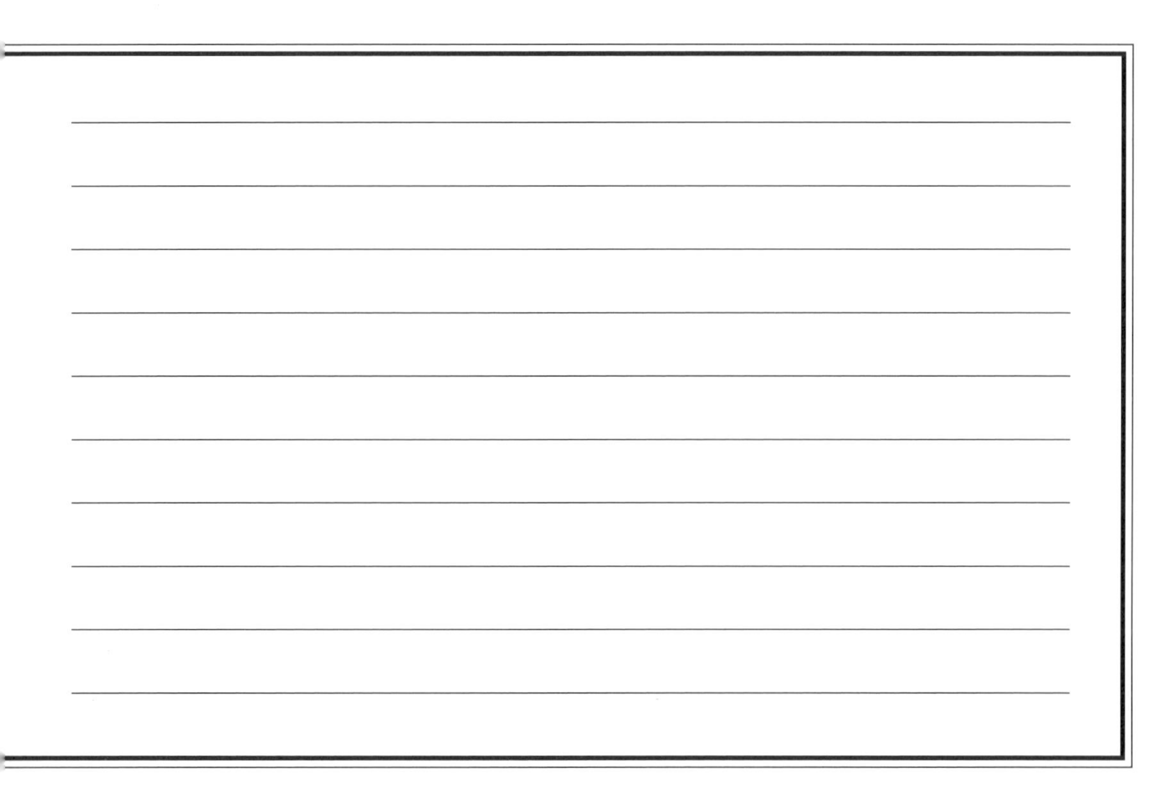

子どものころ、家族と過ごした季節の行事で、
いちばん思い出に残っているのは何？

When you were a kid, what was your favorite holiday,
and how did your family celebrate it?

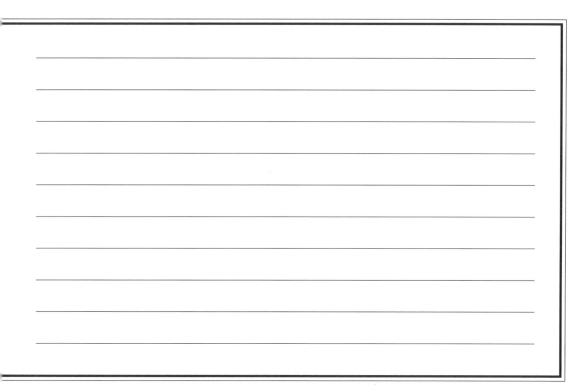

お気に入りのペットはいた？
どうしてそのペットが好きだったの？

Which were your favorite pets,
and what made them special?

自分のおとうさんのことで、いちばんの思い出は？
おかあさんのことでは？

What's your favorite memory of your dad?
Your mom?

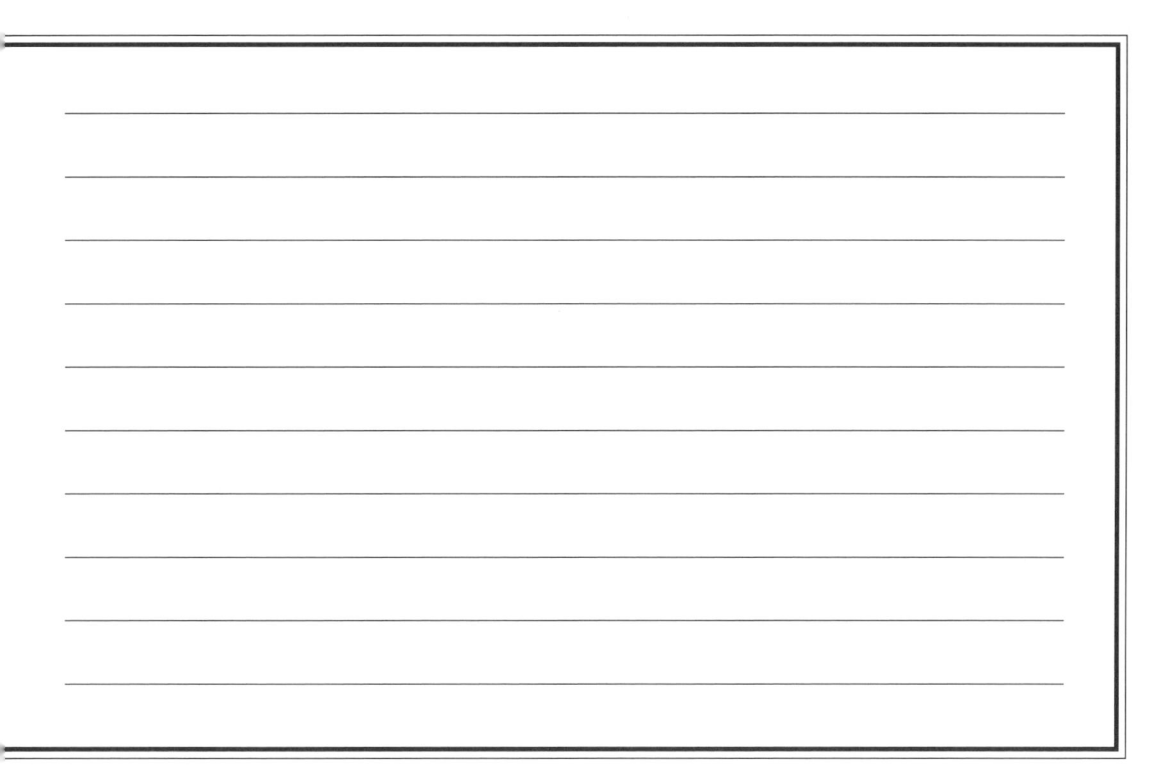

自分のおとうさんやおかあさんが教えてくれたことで、
いちばん心に残っていることは？

What's the best thing
your dad and/or mom taught you?

家族にはどんなルールがあった？
そのなかで一番いやだったものは何？

*What rules did your parents have,
and which ones drove you crazy?*

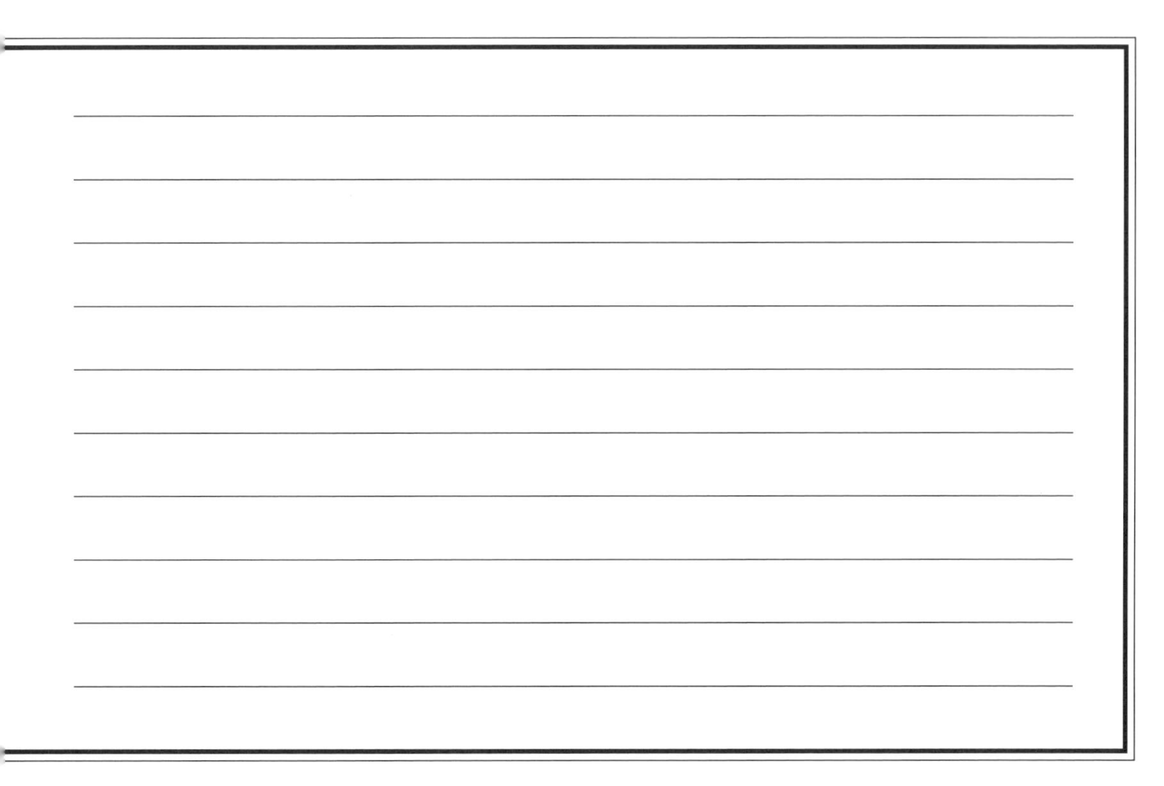

親に内緒でしたことが何かある？

What are one or two things you did that you didn't tell your parents about?

子どものころの家族との関係は
どんな感じだった？

What was your relationship like with your family when you were growing up?

親ゆずりだなと感じる性格やクセはある？
父方と母方のどちらに似ていると思う？

What traits do you have that your parents also had?
And which side of your family do you most resemble?

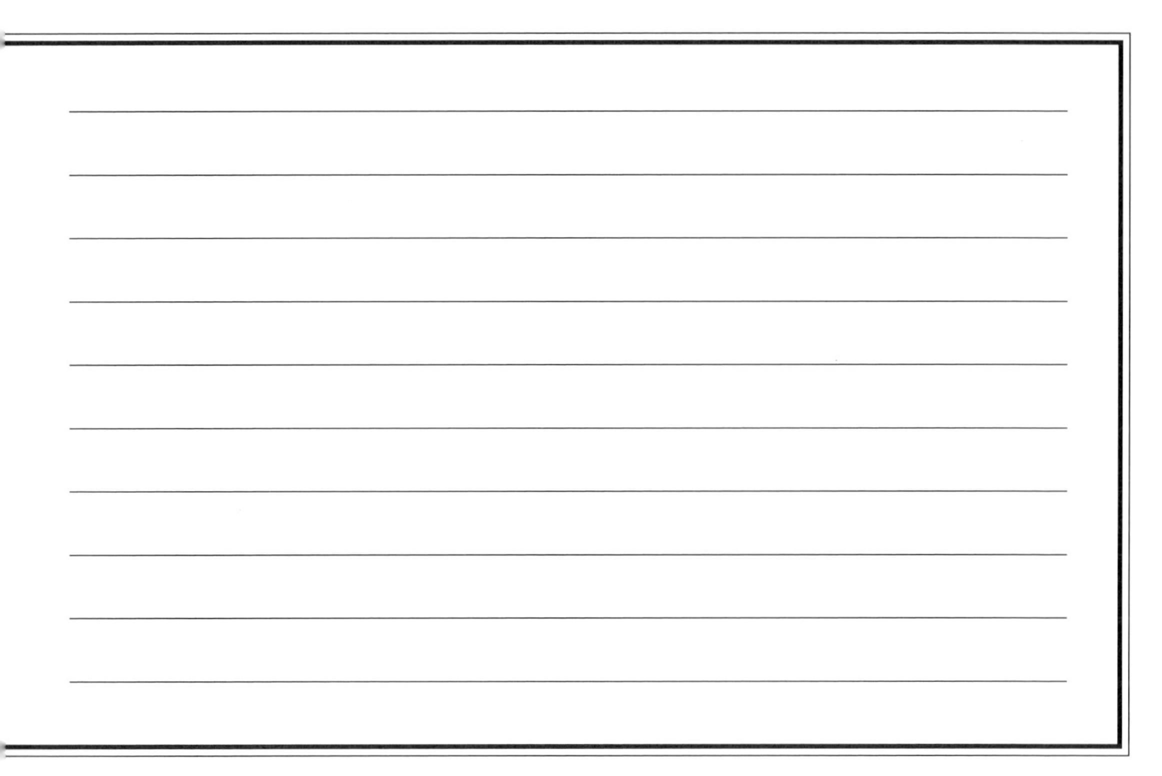

小さかったころ、大人になったら何になりたかった？
10代のころは？　20代のころは？

When you were a child, what did you want to be when you grew up?
When you were a teenager? When you were a young adult?

子どものころの一番の親友はだれ？
その子はどういう子だったの？

Who were your best friends from childhood,
and what were they like?

どんな音楽を聴いて育ってきたの？

What music did you grow up listening to?

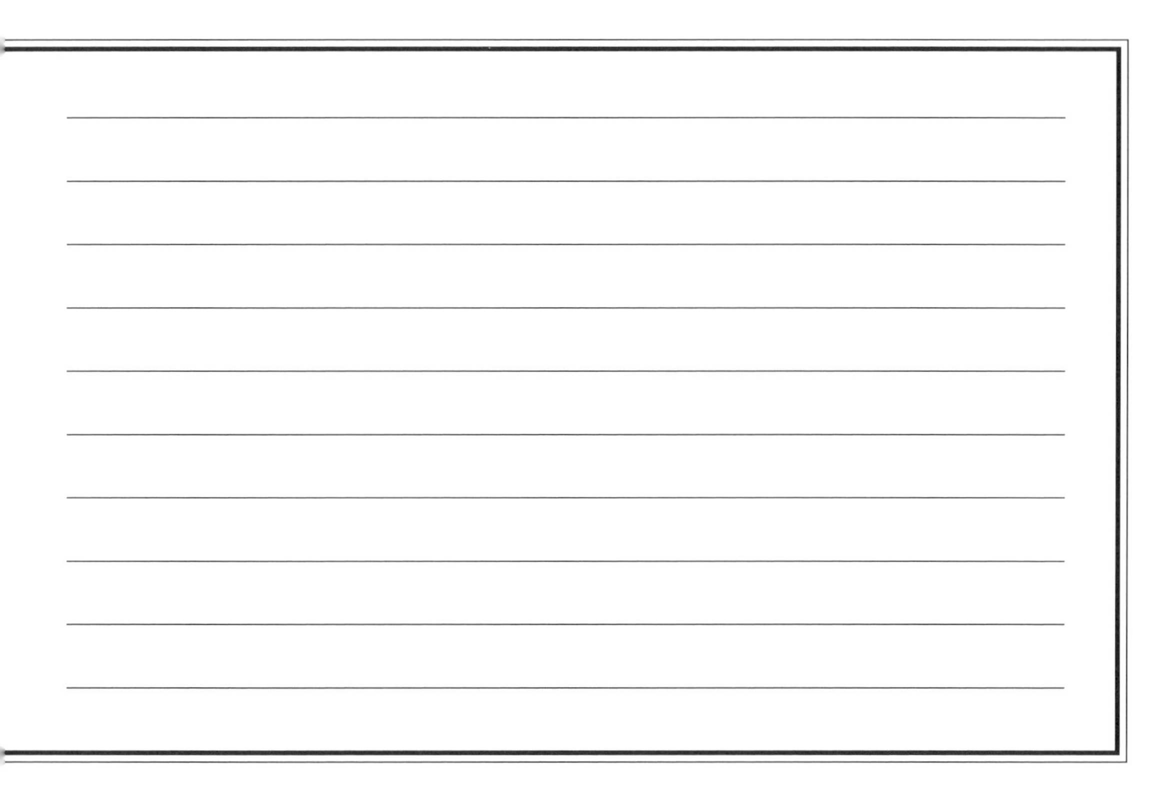

学校の科目でいちばん好きだったのは何？
それはなぜ？

*What were your favorite subjects in school,
and why?*

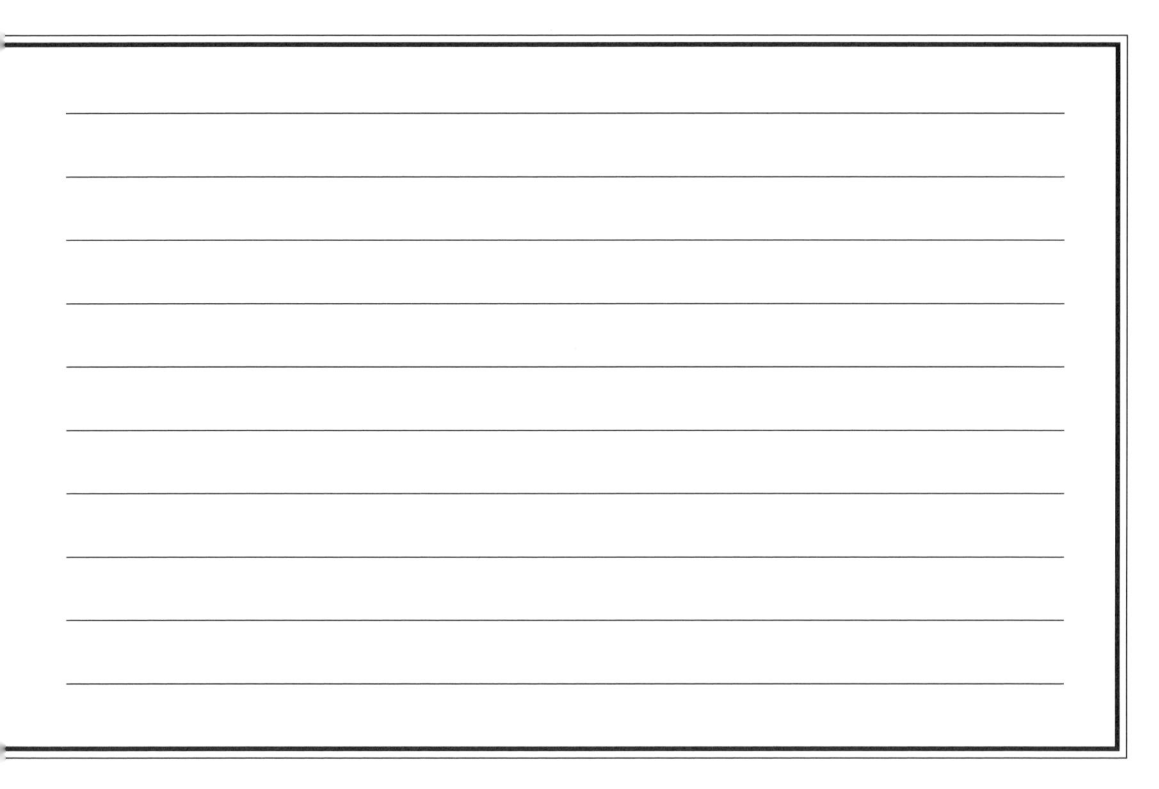

大好きだった先生はだれ？
その理由は？

Who was your favorite teacher, and why?

何かスポーツはやっていた？
そのスポーツのどんなところが好きだったの？

Did you play a sport,
and what did you like best about it?

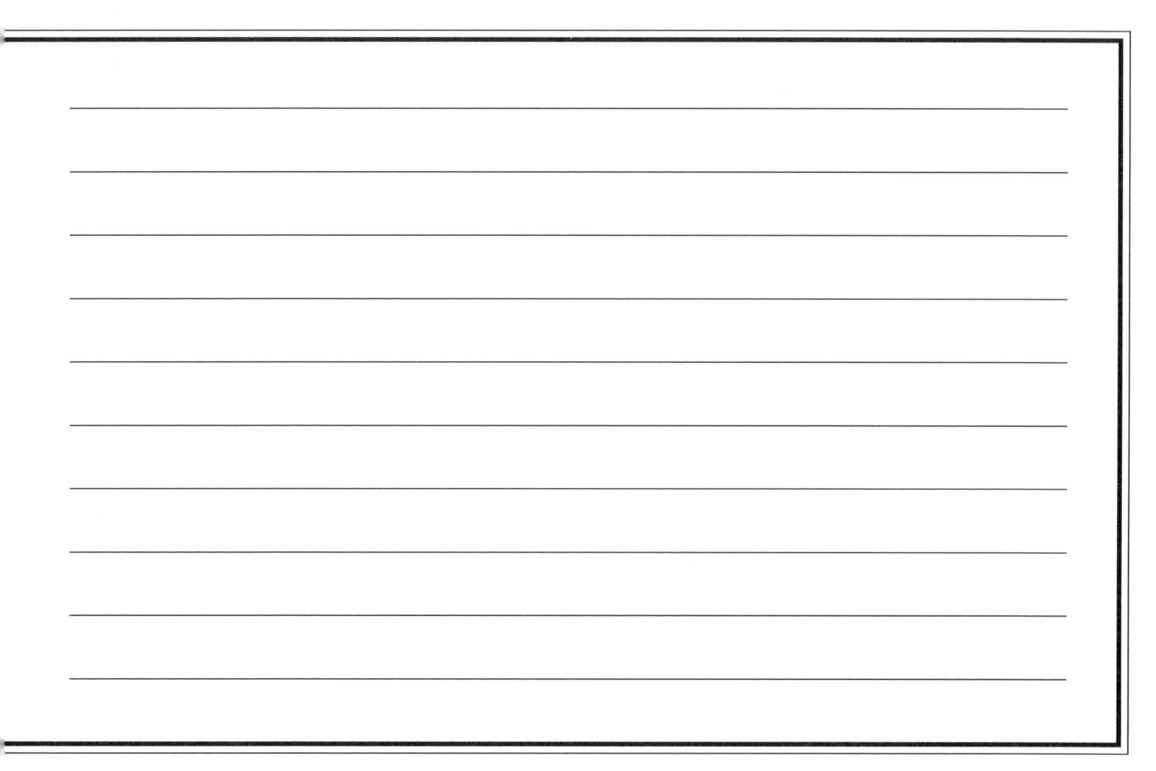

運転は誰から教わった？
初めて買った車は何だった？

Who taught you to drive, and what was your first car?

誇りに思える賞を受賞したことはある？
あるとしたら、それは何に対しての賞だったの？

Did you ever win an award you were proud of,
and what was it in honor of?

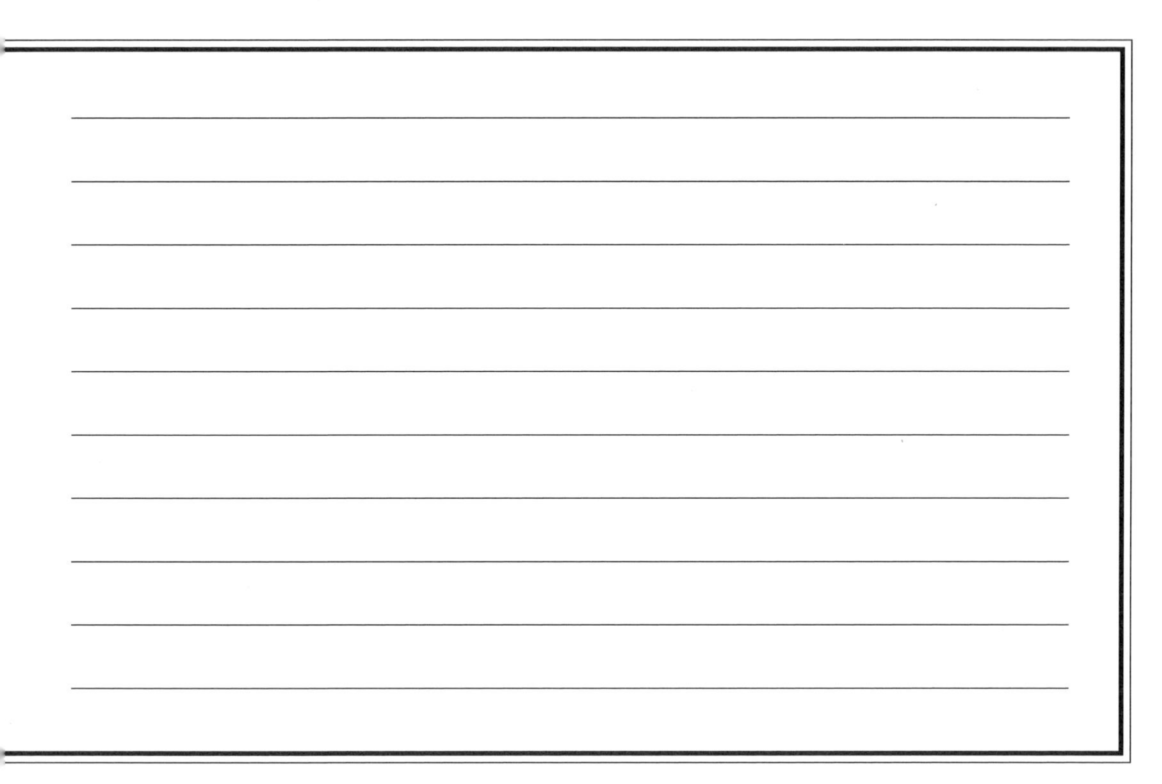

若かったころ、
人にいちばん迷惑をかけたことをあげるとすれば何？

What was the worst trouble you got into when you were younger?

初めて就いたのはどんな仕事だった？
その仕事の内容は？　お給料はいくらだった？

What were your first few jobs?
What did you do, and do you remember how much you earned?

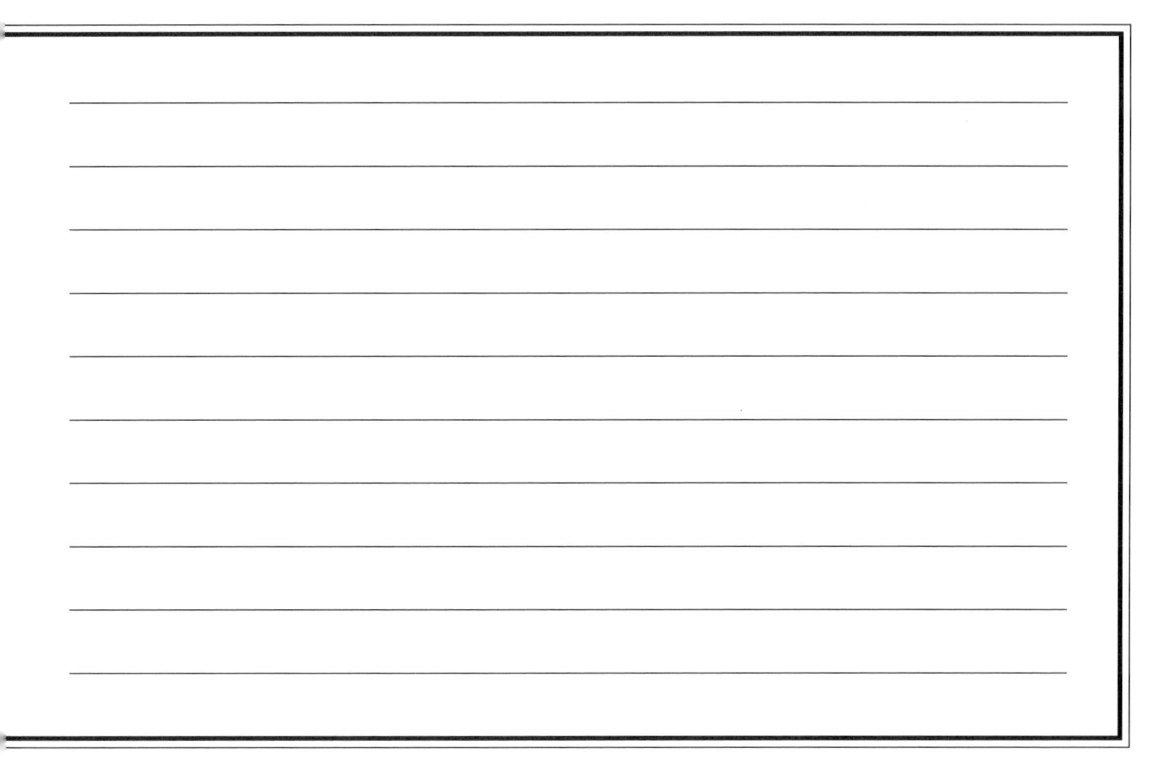

これまでの人生で、いちばんの試練といえば？

What was your toughest lesson in life?

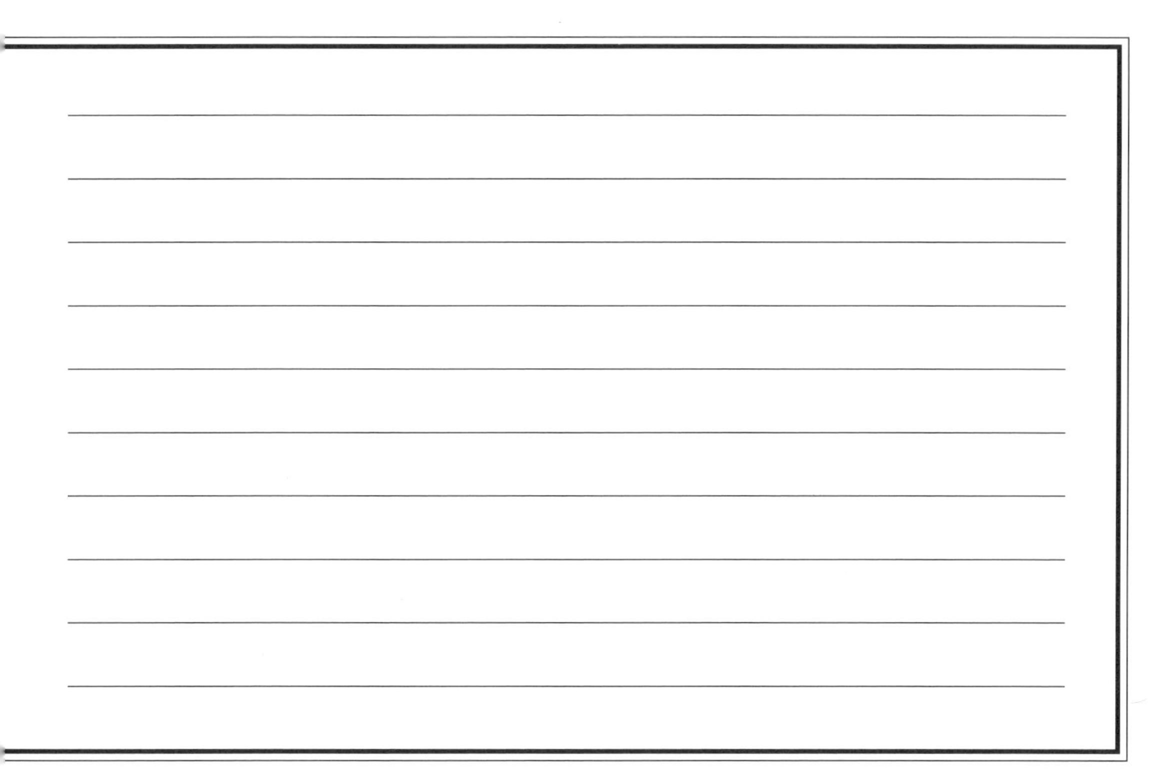

今までで一番ためになったアドバイスは何？
そのアドバイスをくれたのは誰？

What is the best advice you ever received,
and from whom?

おかあさんと出会ったきっかけは？

How did you meet Mom?

子どもが生まれる前は、
自由時間に何をして過ごしていたの？

How did you spend your free time before you had kids?

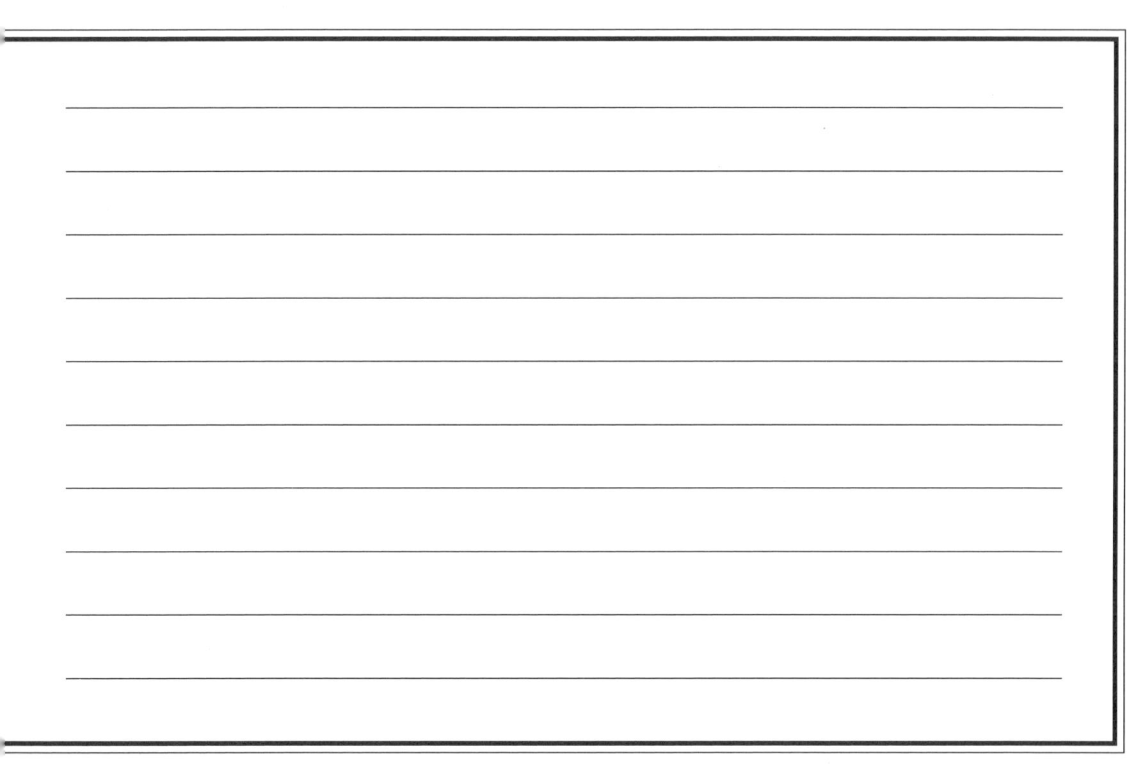

子どもが生まれたときのことは覚えている？

What do you remember about the birth of your children?

父親になるって、どんな感じだった？

What was it like to become a father?

父親としてのいちばんの思い出は？

What is one of your favorite memories of being a dad?

子どもたちと一緒にしたことで、
いちばん楽しかったことは何？

What are some of your favorite things you've done with your children?

父親になって良かったと思うのはどんなこと？
大変だったことは？

What's the best thing about being a father?
What's the hardest thing?

(父親になることについて、
何か助言をするとしたら？)

*What advice would you pass along
about being a dad?*

これまでの人生を振り返って、
もっとも誇りに思うことは？

Looking back,
what are some of your proudest moments in life?

いちばん尊敬しているのはだれ？
それはなぜ？

Who are the people that you most admire, and why?

お気に入りの格言や名言、ことわざはある？
その言葉はどこで知ったの？

What's your favorite motto, quotation or saying?
Where did you hear it?

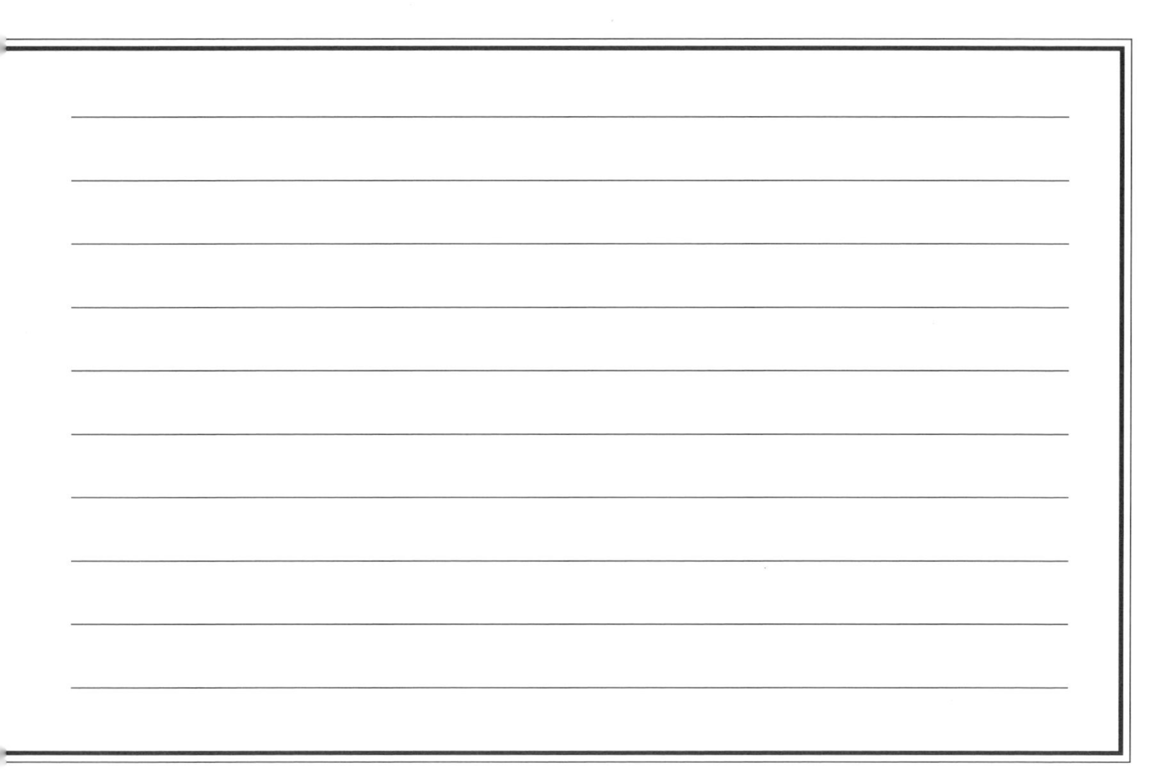

これまでに訪れた場所で
一番おもしろかったのはどこ？　その理由は？

Where is the most interesting place you've ever visted,
and why?

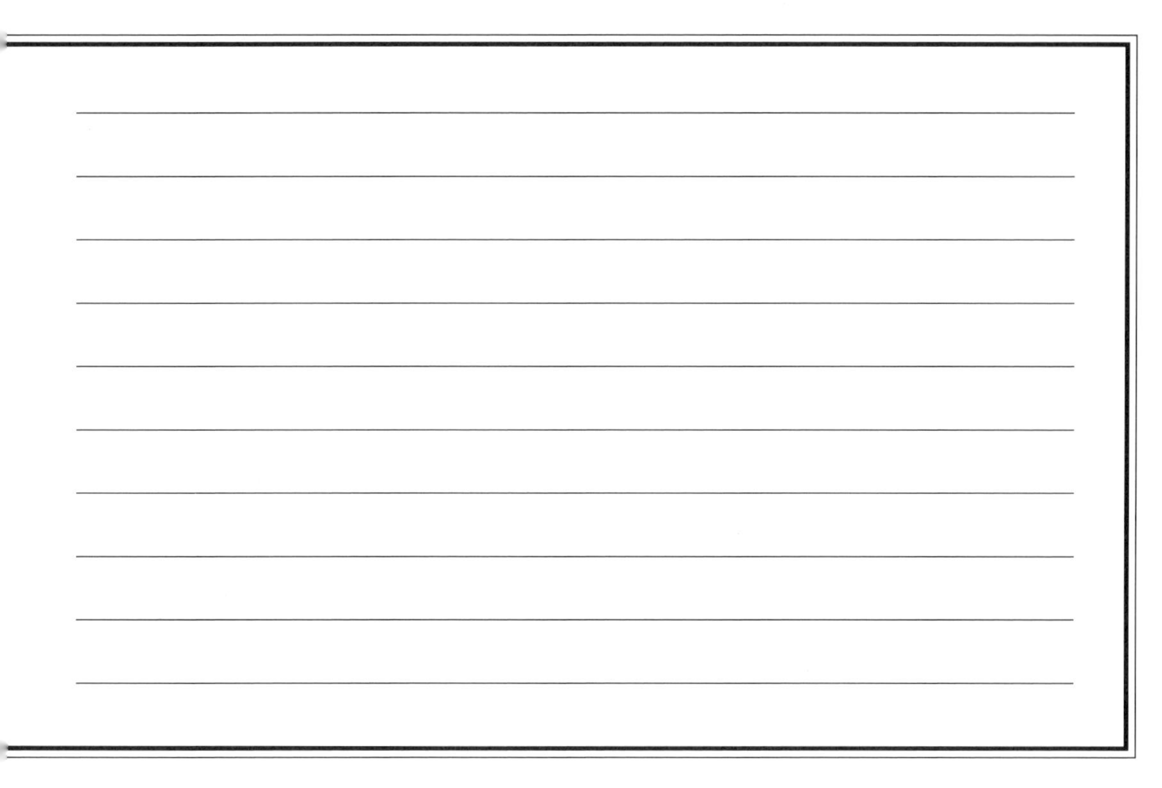

子どものころと比べて、
世の中は良くなった？　悪くなった？

What are some ways—good and bad—the world has changed since you were a kid?

（ これまでにしてしまったことで
もっともバカげたことは何？ ）

What's the craziest or most impulsive thing
you've ever done?

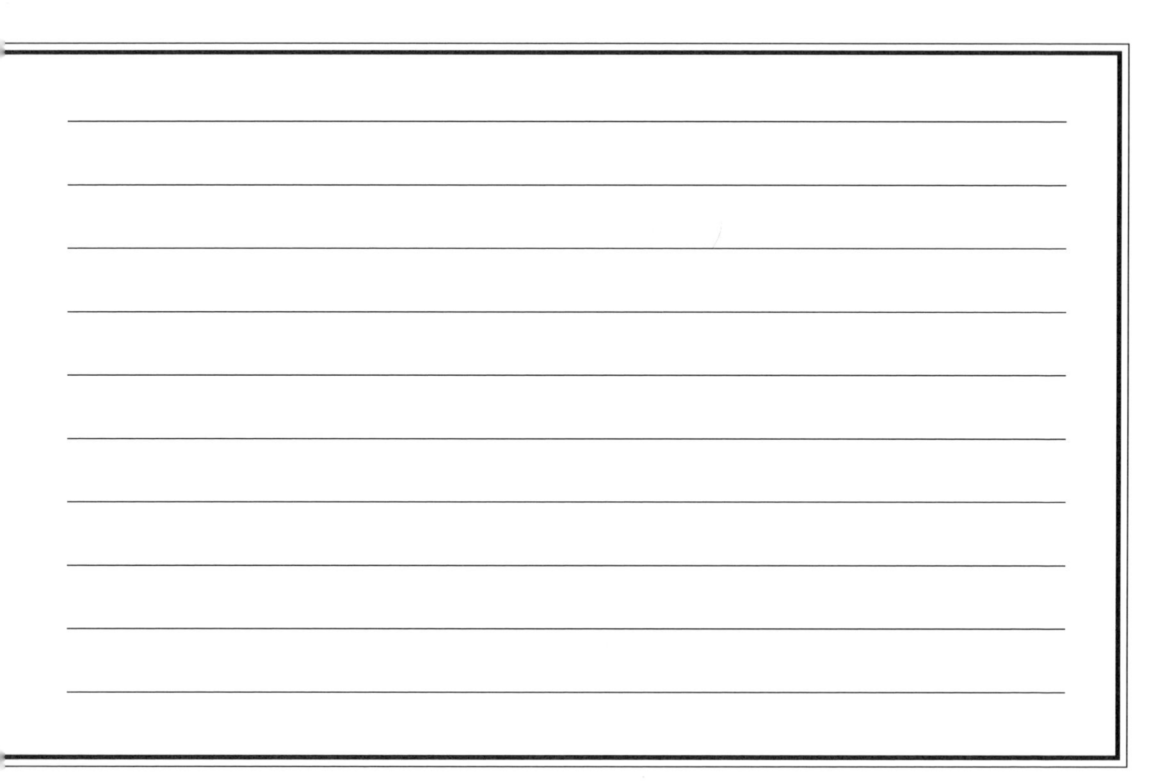

素敵な一日ってどんな一日？

What is your perfect day?

これからの人生でやりたいことは何？

What are some things that you still want to do in your lifetime?

子どもや孫たち、そのまた子どもたちに、
自分のことをどんな人間として記憶されたい？

How do you want future generations of your family to remember you?

最後に書いておきたいことがあったら、ここにご自由に！

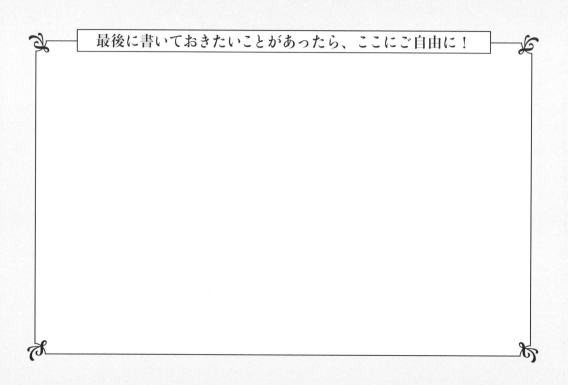